맨발로 교육 2

맨발교실

맨발교실

권택환 지음

만인사

맨발교실에서 인성교육을 꿈꾸다

지난 해 '맨발로 교육 1' 『맨발학교』를 펴내며
맨발걷기와 친구가 되자고 제안하였습니다.
그 성원에 힘 입어 『맨발교실』을 발간하게 되었습니다.

『맨발교실』은 초등학교 3학년인 민우가
먼저 읽고 그림을 그렸습니다.

하늘과 땅의 소리에 귀를 기울이던
우리 조상들의 지혜가
이 시대로 이어지길 바라며
학생, 부모, 교사를 위한 책입니다.

맨발학교를 만들고
많은 사람들이 맨발로 꾸준히 걷기 시작했습니다.

몸도 튼튼해지고, 마음도 너그러워졌으며

하는 일에 용기가 생긴다고 했습니다.

이러한 체험이
우리나라 교육의 목표인 홍익인간,
지. 덕. 체의 조화로운 인성교육임을 알리고 싶었습니다.

“진리는 단순하고, 실력은 꾸준함에서 나온다.
작고 단순한 것도 꾸준히 하는 사람이 행복을 잡는다.”는
맨발학교의 교훈이 이 땅의 많은 교실에서 이루어지기를 바랍니다.

흙길 어느 곳이라도 맨발교실이 되어
지. 덕. 체의 교육이
교육이론서가 아닌 일상 속에서 실현되기를 꿈꾸어 봅니다.

맨발교실의 주인공은 누구라도 될 수 있습니다.
용기를 내어 첫발을 내딛는 사람이면 됩니다.
꾸준히 하면 누구나 긍정적인 변화를 맛볼 수 있습니다.
대봉초등학교 3학년 3반 아이들의 변화에서 가능성을 보았습니다.

맨발걷기 100일의 프로젝트를 함께 지켜보면서
교육문화 활동으로서 맨발걷기의 힘을 보았습니다.

놀라운 기적을 보았습니다.

스스로를 대견하게 여기는 아이들의 표정에는 행복이 있었습니다.

우리가 꿈꾸던 교실의 모습을 보았습니다.

용기가 생겼습니다.

"보름달이 떴다.

하나의 보름달이 천 개의 강을 환하게 비추고 있다.

월인천강(月印千江)."

이 책을 읽는 누군가가 하나의 보름달이 되어줄 거라 믿습니다.

하나의 보름달이 천 개의 강을 환하게 비추어

이 땅의 많은 학생이, 많은 선생님이, 많은 부모님들이

행복한 삶을 선택하게 되는 날을 기다립니다.

그동안 흙이 있는 학교 만들기와 맨발걷기 교육문화 활동에

기꺼이 환한 보름달이 되어 주신 맨발학교 모든 분들께 깊은 감사의 마음을 전합니다.

2018년 8월 21일

흙길 맨발걷기 2000일 아침

권 택 환

차례

| 책을 펴내며 |

맨발걷기 프로젝트 100일의 기적

토끼풀의 세 잎처럼

몸은 지와 덕을 담는 그릇이야

차
례

홍익(弘益) 토끼였구나!

호랑이를 이긴 황소 이야기

행복은 내가 선택하는 것이다

행복해
지는법

맨발걷기 프로젝트
100일의 기적

내가 꿈꾸는 교육

100은 숫자 100의 의미만이 아니다. 온전함의 의미이기도 하다.

나의 인생 대부분을 '교육'과 함께 살아온 지난 삶을 돌아본다. 초등학교 교사로서, 교육부 정책기획자로서, 교육대학 교수로서 보다 나은 교육을 꿈꾸어왔다.

그 고민의 끝에서 맨발걷기를 만났고, 꿈꾸던 교육의 희망을 보았다.

교육은 문화로 다가가야 함을 깨닫고, '맨발학교'라는 이름으로 내가 꿈꾸던 교육을 교육현장에서 시작하게 되었다.

맨발걷기 100일의 프로젝트를 시작하다

맨발학교에는 지금 1만여 명의 학생들이 있다. 그들은 처음에는 몸의 변화에 감동하고 시간이 지나면 마음의 변화에 놀란다.

'되는구나.'
'이렇게 하면 되겠구나.'
'교육현장에서도 가능하겠구나.'
'아이들의 변화를 함께 느껴보아야겠다.'

맨발학교에서 맨발교육을 실천하는 최순나 선생님을 만나게 되는 행운을 얻었고, 그렇게 민우네반 아이들을 만났다. 민우는 대구 대봉초등학교 3학년 3반 학생이다.

COOL!

3월 첫 맨발걷기

"선생님, 맨발로 걸으면 뭐가 좋아요?"
"글쎄, 기분이 좋아지는 것 같은데 한 번 해 볼래?"

호기심 많은 초등학교 3학년, 열 살 아이들과 맨발걷기를 시작하였다.

몇몇 아이들은 처음부터 두려움이 없었다.
선생님을 따라 신발을 벗고 양말도 벗었다.
뽀얀 아이들의 발이 운동장에 처음 닿았다.

FILA

발바닥에 불이 났어요

“아프지 않아요?”
“우리 엄마는 발에 흙 묻히면 싫어해요.”
“선생님, 발바닥에 불이 나는 것 같아요.”

엉거주춤 이렇게 시작한 맨발걷기는
민우네 반의 새로운 놀이가 되었다.

star

맨발로 선생님과 친구되기

학생상담주간.

선생님과 학생들이 맨발로 운동장에서 만났고, 손을 잡고 함께 운동장을 걸었다.

걷기도 하고, 뛰기도 하면서 자유로움을 만끽했다.

아이들은 마음의 말을 선생님께 건넸고, 선생님은 아이의 마음이 잘 들렸다.

봄비 내린 운동장

"태어나고 처음이에요."

"운동장이 이렇게 부드러운 줄 몰랐어요."

"갯벌체험 온 것 같아요."

봄비 내린 운동장을 걷는 아이들 모두 신났다.

젖은 땅의 감촉을 온몸으로 느낀 아이들은 교실로 들어가고 싶어 하지 않았다.

꽃샘추위 속에서도 즐거운 맨발걸음은 계속 되었다.

"더러울 것 같아."
"흙 묻으면 안되는데……."

"한 번만 맨발로 걸어 봐. 진짜 부드럽고 좋아."
"초코아이스크림 위를 걷는 기분이야."

머뭇거리던 아이들을 젖은 땅으로 이끈 것은 친구들이었다. 친구의 권유로 첫 맨발걷기를 경험한 아이가 다가와 속삭인다.

"선생님, 친구들 말이 맞아요. 기분도 좋아지고, 느낌도 좋아요. 이제 매일 해 볼 거에요."

맨발놀이

맨발로 시소도 타고,
맨발로 공놀이도 하고,
맨발로 달팽이놀이도 한다.

아이들은 맨발걷기가 익숙해지고 맨발놀이는
민우네 반의 자랑거리가 되었다.

맨발 이어달리기

"오늘은 언제 이어달리기 해요?"
아이들은 날마다 맨발 이어달리기를 기다렸고,
선생님은 매일 아이들을 운동장으로 데리고 나갔다.

배턴을 잡으면 언제나 가슴이 두근거린다.
아이들은 빨강, 파랑, 노랑팀으로 나누고
맨발로 운동장을 힘껏 달렸다.

맨발 오래달리기

맨발로 오래달리기에 도전하였다.

운동장 10바퀴쯤은 쉬지 않고 가볍게 달릴 수 있는 체력이 길러지면서 아이들은 오래달리기를 시작하였다.

10바퀴, 20바퀴, 50바퀴 놀라운 기록들이 계속되었다.

옆 반 아이들과 반 대항 이어달리기를 했다.

모두 4팀으로 나누고 힘찬 응원 속에 달리기를 시작했다.

민우네 반은 맨발로 달렸다.

너무 큰 차이로 4팀이 모두 이겨버려

옆 반에게 미안하였다.

맨발교실에서 맨발로 공부하다

봄날은 계속되었다.

비가 내려도,
바람이 불어도,
아이들의 운동장 맨발걷기는 날마다 이어지고 있었다.

비온 날, 젖은 양말을 말리느라 자연스럽게 맨발수업을 하게 되었다. 누가 먼저인지 모르지만 아이들은 맨발로 공부하기 시작하였고, 교실은 방처럼 따뜻하고 편안한 공간이 되었다.

"선생님, 집에 다녀 오겠습니다."
민우네 반에서만 들을 수 있는 독특한 하교인사이다.

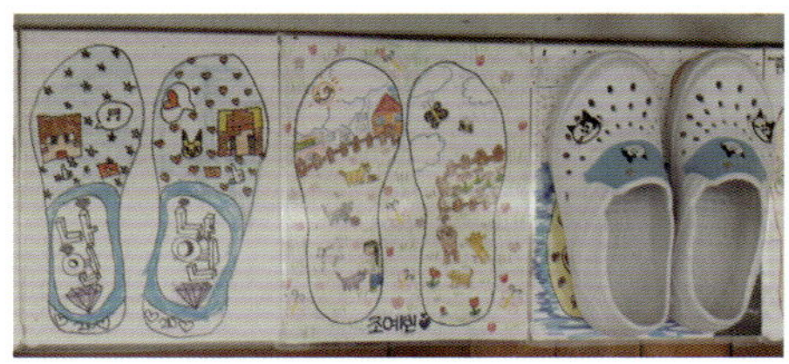

아이들의 변화를 보다

짜증이 줄어들었어요.

기분이 좋아졌어요.

키가 자랐어요.

오빠가 독감에 걸렸는데 나는 안 걸렸어요.

수학 문제가 잘 풀려요.

집중이 잘 되어요.

우리 가족 모두 사이가 좋아졌어요.

친구가 많아졌어요.

친구를 이해하는 마음이 커졌어요.

비 내리는 운동장에서 맨 발로 놀아보다

비내리는 운동장에서 놀면
시간가는줄 모르고
더러워 지는 것조차 모르고
계속논다.
놀다보면
더 재미있어지고
더 재미있어지면
또 계속 놀게된다
느낌이 좋아 나온친구도 있고
놀고싶어 나온 친구도 있고
구덩이 만들러 나온 친구도있고
참다양한 이유로 놀러간다
걸으면서 이야기하는 친구
뛰면서 술래잡기 하는 친구
가만히 서 있는 친구 참잘 논다.

100일 프로젝트, 기적을 만나다

대봉초등학교 3학년 3반, 24명 아이들의 '흙과 친해지는 맨발 프로젝트'는 100일간 진행되었다. 그 결과는 놀라웠다.

단지 맨발로 걷고 달렸을 뿐인데,
단지 운동을 매일했을 뿐인데,
아이들은 몸과 마음의 의미 있는 변화를 체험했다.

그 체험을 함께 한 민우와의 긴 이야기를 시작하였다.

나는 비로소 교육 현장에서 맨발걷기의 의미있는 결과에 용기가 생겼다.
그래, 맨발걷기는 학교 교육의 새로운 패러다임을 가져올 수 있겠구나.

맨발 걷기

집중이 잘 된다.

자신감이 생겼다.

친구와 이야기 할 때

흥분이 안되고 마음이 가라 앉혀진다,

밤에 잠도 잘 오고

아침에 일찍 일어난다.

기억력도 좋아서 주말에도

선생님 얼굴이 생생 하다.

발이 시원하고 편안하다.

끈기와 노력도 생긴다.

좋은 습관이 된다.

뿌듯하다.

토끼풀의
세 잎처럼

체(體)

운동장에서
맨발로
이어달리기를 하였다.

몸을 튼튼하게 하는
체(體)의 공부를 하였다.

덕(德)

친구들과 함께
동화책을 읽고
그림을 그렸다.

가슴이 따뜻해지는
덕(德)의 공부를 하였다.

지(智)

국어, 수학, 사회, 과학을 배웠다.
지(智)의 공부를 했다.

나는 가치 있는 사람이라는 생각,
잘 할 수 있다는 자신감,
이루고 싶은 꿈을 가지는 것.
이것이 모두 지의 공부이다.

셋이 모여 하나가 되는 것처럼

지(智), 덕(德), 체(體)는

토끼풀의 세 잎과 같다.

지, 덕, 체 공부를

잘 하려면

어떻게 하면 좋을까?

세 개의 구슬

자신감을 갖게 되는 파란 구슬, 마음이 따뜻해지는 노란 구슬, 몸이 튼튼해지는 빨간 구슬이 있다.

"파랑, 노랑, 빨강 세 개의 구슬을 가지렴."

지, 덕, 체 세 개의 구슬을 가지면 행복해지는 걸까?

선생님!
지, 덕, 체 중에서
무엇이 우리에게 가장 영향을 미치나요?

무엇이 가장 중요한가요?

무엇을 가장 먼저 해야 하나요?

지식을 쌓고 신념을 가지는 것도 공부고
가슴을 따뜻하게 하는 것도 공부고
튼튼한 몸을 기르는 것도 공부야.

뭐가 더 가치있다고 말할 수는 없어.
무게는 똑같아.
$\frac{1}{3}$, $\frac{1}{3}$, $\frac{1}{3}$씩 골고루 해야 해.

가장 영향을 미치는 것은 지(智)공부

가장 중요한 것은 덕(德)공부

가장 먼저 해야 할 것은 체(體)공부란다.

몸은
지와 덕을 담는 그릇이야

자신감이 생겼다

우리 반은 매일 이어달리기를 한다.
친구들과 꾸준히 운동을 하니 속도가 더 빨라졌다.
자신감도 생겼다.

공부도 열심히 해야겠다는 생각이 들었다.
친구를 도와야겠다는 따뜻한 마음도 가지게 되었다.

신기하다. 매일 이어달리기를 꾸준히 했는데 따뜻한 마음과 용기가 생기고, 공부도 잘하게 되다니. 체(體)공부를 했는데 덕(德)과 지(智) 공부가 함께 되는 이유는 무엇일까?

몸의 주인

며칠 전 독감에 걸려 결석을 하였다.
과학 실험도 못하고
좋아하는 리코더 연주도 할 수 없었다.

하루 종일
열이 나고 머리가 아파
자꾸만 짜증이 났다.

독감이 다 나아서 학교에 오니 선생님께서 말씀하셨다.

"몸의 건강을 위해 가장 중요한 것은 좋은 생활 습관을 갖는 것이야. 스스로 건강할 수 있는 습관과 체질을 만들어야 해. 네 몸은 네 것이란다. 몸이 시키는 대로 끌려가지 말고 몸의 주인이 되렴."

건강한 몸을 가꾸는 체(體)의 공부는 부모님이나 선생님이 해 주는 것이 아니라 자신이 매일 자급자족하는 것이란다.

정신 좀 차려!

"민우야, 정신 좀 차려라.
학교에서 알림장도 안 가지고 오고
수학 문제는 실수로 틀리고, 어휴."

어머니의 잔소리가 이어진다.
나도 정신 차려서 잘하고 싶다.
정말 잘하고 싶은데
어떻게 하면 되는 걸까?

정신이란 말

어떻게 하면 정신이 차려지는 것일까?

“정신(精神) 차려라는 말은 있어도 신정(神精) 차려라는 말은 없단다. 정(精)의 글자는 쌀미(米), 푸를 청(靑)으로 이루어져 있단다.”

“정(精)은 좋은 음식을 먹고, 좋은 공기를 마시면 몸이 좋아진다는 뜻이지. 그래서 정(精)은 몸의 건강을 뜻하는 글자야. 신(神)은 머리 속의 기억과 같은 정보를 뜻한단다.”

“정신 차린다는 것은 몸(精)과 마음(神)을 제자리에 갖다 놓는 의미야. 차린다는 것은 ‘제사상을 차린다.’, ‘옷을 차려 입는다.’처럼 ‘제자리에 갖다 놓는다.’는 뜻이야.”

“머리를 써서 고민을 하고, 머리를 써서 문제를 풀고, 머리를 써서 집중해야지 다짐해도 정신 차려지지 않는 것은 몸을 먼저 제자리에 두지 않았기 때문이란다.

정(精)이 바르게 되어 건강해지면 가슴이 따뜻해지고 일도 신명나게 할 수 있어.

그래서 가장 먼저 할 것은 체(體)공부란다.

몸이 마음을 움직인다

"선생님, 친구가 바보라고 놀렸어요."

화가 난 나에게 "민우야. 자, 잠깐만 선생님 따라해 봐." 그리고는 선생님께서 먼저 손목 관절을 꺾은 다음 몸 안쪽으로 향하게 하고 "하나, 둘, 셋, 넷, 다섯, 여섯, 일곱, 여덟, 아홉, 열."을 헤아리신다.

선생님과 같이 손목을 안으로, 바깥으로 관절꺾기를 하다 보니 마음이 차분하게 가라앉고 기분이 나아진다. 화가 나 씩씩거리던 내 숨소리도 고요해진다.

신기하다. 몸은 마음을 움직여서 화난 것도, 기분도 좋아지게 한다.

"첫째 시간 수업을 마치겠습니다."
선생님의 말씀에 우리 반 친구들은 모두
큰소리로 "끄~ 으~ 읕!"이라고 외치며
폴짝폴짝 뛰면서 기뻐한다.
공부하느라고 수고한 우리들을 위해
선생님이 주신 선물이다.

'끝'이라고 외치며
몸을 움직이는 순간,
기분이 아주 좋아진다.

다음 시간을 기분 좋게 시작할 수 있는 마음으로 바뀌게 된다. 손뼉을 치고 폴짝폴짝 뛰면서 잠시 몸을 움직였을 뿐인데 말이다. 몸은 마음을 움직이게 만드는 요술항아리인가 보다. 몸이 움직이니까 마음이 바뀌었다.

선생님은 우리를 매 시간마다 정신(精神) 차리게 하신다.

홍익(弘益)
토끼였구나!

홍익은 무엇일까?

단군 할아버지께서
나라를 만드실 때
홍익(弘益)의 마음으로 만드셨다.

그렇다면 홍익은 무엇일까?

우리 반의 급훈(級訓),
우리 학교의 교훈(敎訓)처럼

홍익(弘益)은
우리나라의 국훈(國訓) 같은 거구나.

홍(弘)은
자신이 가치 있다고 생각하는 것.
익(益)은
그 가치를 널리 세상과 나누는 것.

홍익 토끼였구나

「산토끼」 노래를 불렀다.

산토끼 토끼야
어디를 가느냐.
깡충깡충 뛰면서
어디를 가느냐.
산 고개 고개를
나 혼자 넘어서
토실토실 알밤을
주워서 올테야.

토실토실 알밤을 주운 토끼는
왜 돌아왔을까?

우리 조상들은 콩 한 쪽도 나눠 먹으며 살았다는데, 토끼도 그런 것인가?

산 고개를 힘들게 넘어서 귀하게 주운 알밤을 나눠 먹으려고 돌아오는 토끼는 홍익(弘益)토끼구나.

나도 산토끼처럼

친구들과 나누며

홍익(弘益)을 실천하여야겠다.

덕의 마음

나쁜 마음으로 지식(智)만 있으면 사기꾼이 되고, 나쁜 마음으로 체력(體)만 기르면 싸움꾼이 될 수 있단다.

지(智)와 체(體)공부는 인성을 갖추었을 때 그 가치가 있단다.

"그래서 우리에게 가장 중요한 것은 덕(德)의 공부란다."

선생님께서 "창의력은 인성이 있을 때 더 발휘되는 거란다."라고 말씀하셨다.

사실 내가 처음부터 덕(德)의 마음을 잘 실천했던 건 아니었다. 산토끼가 가진 홍익의 마음을 갖지 못해 나는 그림을 망쳤던 경험이 있다.

나만의 단풍색

학교에서 그리기대회가 있었다. 친구와 나란히 앉아 그림을 그렸다. 친구가 빨간색 물감이 없다고 빌려달라고 했다. 내게도 조금 밖에 없어서 망설였지만 친구에게 빌려 주었다.

막상 가을 풍경을 그리다 보니 빨간색이 부족했다. 남아 있는 물감들을 잘 섞어서 나만의 단풍색을 만들어 멋진 그림을 완성하였다. 창의성을 인정받아 큰 상을 받았다.

지난해 그리기대회 때였다.

친구가 나에게 빨간색 물감을 빌려달라고 하였다. 친구보다 그림을 더 잘 그려서 상을 받아야겠다는 생각에 나는 빌려주지 않았다. 빌려주지 않은 것에 계속 신경이 쓰여 빨간색 물감을 너무 많이 쓰고 말았다.

내 그림은 벌겋게 엉망이 되었고, 나는 상을 받지 못하였다.

인성(人性)은 너희들의 가슴 속에 키워야하는 구슬이란다. 인성의 노란 구슬은 원래 네 안에 다 있어.

인성은 지식으로 가르치고 배우는 것이 아니라 네 안에 있는 밝고 환한 본성의 모습을 회복하는 거란다.

오늘은 내 안에 있는 노란 구슬을 알게 되어 기쁜 날이다.

호랑이를 이긴
황소 이야기

황소 이야기 1

옛날 어느 마을에 호랑이를 한 번도 본 적이 없는 황소가 있었다.

어느 날, 주인과 길을 가다가 호랑이를 만나게 되었다.

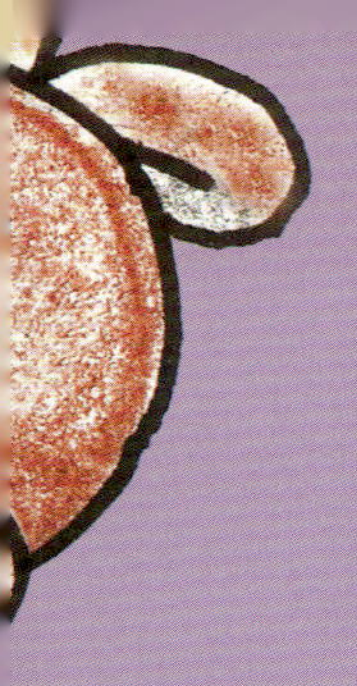

황소는 처음 본 호랑이가 어떤 녀석인지 물어보려고 주인을 쳐다보았다.

주인은 걸음아 날 살려라 어느새 도망 가고 없었다.

그 순간,

황소는 두려움에 꼼짝도 못했다.

호랑이는 겁에 질린 황소 등에 올라타 목덜미를 덥석 물었다.

황소는 호랑이에게 그만 물려 죽고 말았다.

황소 이야기 2

이웃 동네 황소도 같은 일을 겪었다.

그런데 이 집 주인은 도망 가지 않고 황소에게 말했다.

"잘 들어, 누렁아. 저 놈이 바로 호랑이야. 덩치는 네가 더 크단다."

"잘 봐. 호랑이는 뿔이 없지. 그런데 너는 뿔이 두 개나 있어. 겁내지 말고 호랑이가 네 등에 올라타지만 못하게 하면 네가 질 리가 없어."

황소는 호랑이가 공격하는 순간, 큰 덩치와 두 뿔로 호랑이를 들이받았고 호랑이는 그 자리에 쓰러졌다.

두려움 대신

주인에게 받은 용기는

호랑이도 이겨낼 수 있게 하는구나.

선생님이 실수했구나!

선생님의 황소이야기를 듣고나니 1학년 때 일이 떠올랐다.

나는 교실에서 오줌을 쌌다. 선생님은 얼른 내 옆으로 다가와 컵에 가득 담긴 물을 내 바지에 쏟으셨다.

"아이고, 미안하다. 선생님이 실수했구나."

아무도 나를 오줌싸개라고 놀리지 않았다.

선생님이 나에게 속삭였다.

“선생님도 3학년 때 오줌을 싼 적이 있단다.”

그 순간 나는 부끄러움이 없어졌다.

호랑이는 두려움 대신 용기를, 나는 수치심 대신 자신감을 가지게 되었다.

나는 수학 박사다

처음으로 수학 시험을 100점 받던 날, 선생님은

"와! 민우는 수학 박사구나. 이렇게 어려운 수학 시험을 100점을 받다니. 여러분, 앞으로 수학 문제를 풀다가 모를 때는 민우에게 물어보세요."

친구들은 쉬는 시간이 되면 모르는 수학 문제를 들고 나에게 달려왔다.

그때부터 나는 수학이 좋아졌고 매일 수학문제를 신나게 풀었다. 마침내 우리 반에서 수학을 가장 잘하는 아이가 되었다.

나는 1학년 때 선생님으로부터 수학을 잘 한다는 신념도 함께 선물로 받았다

우리 선생님은 여러 사람 앞에서 신념을 갖도록 하는 것이 나의 성장에 크게 영향을 준다는 것을 알고 계셨던 것 같다.

교과공부 뿐만 아니라
잘 할 수 있다는 자신감과 용기,
이루고 싶은 꿈을 가지는 것.

선생님께서는 모두 지(智)의 공부라고 말씀하셨다.

행복은
내가 선택하는 것이다

너는 따로 있어

어느 날 나는 화가 잔뜩나 친구와 싸웠다.

선생님께서 "화가 난 네 모습이 너는 아니야. 본래 너는 따로 있어."라고 말씀하셨다.

지난 번 짜증을 낼 때에도 "짜증이 너는 아니야. 너는 따로 있어."라고 하셨다.

선생님은 내가 화를 내거나 짜증을 낼 때마다
"본래의 네가 따로 있단다."라고 다정스레 말씀해주셨다.

본래의 나

선생님의 이야기를 듣고
내 안에는 가치 있는
'나'가 있다는 것을 깨달았다.

도토리 한 알에도
거대한 참나무의 프로그램이 다 들어 있듯이
'나'에게도 훌륭한 사람이 될
프로그램이 다 들어 있구나.

'본래의 나' 를 잊지 않고
가치 있는 사람으로 살아가야지.

선생님의 걱정

성적이 낮다고 자신감을 잃을까봐,
스스로 가치 없다고 여길까봐.
꿈을 포기할까봐 선생님은 늘 걱정하신다.

어두운 뇌, 밝은 뇌

용기가 없고 자신감을 잃었을 때는 어떻게 해야 하나요?

밝은 생각을 하고 좋은 음악을 듣고 몸을 움직이면 어두운 뇌에서 밝은 뇌가 되어 용기와 자신감이 생긴단다.

뇌를 잘 쓰려면

나는 곰곰이 생각해보았다.

공부도 잘하고, 친구와 늘 사이좋게 지내며 운동도 잘하는 준희를 생각해보았다.

공부를 하는 것도 뇌를 써야 하고, 착한 마음을 먹는 것도 뇌가 하는 것이고, 운동을 하는 것도 뇌가 빨라야 하는구나.

뇌를 잘 쓰려면 뇌 구조를 알아야 하나요? 자기 뇌를 잘 쓴다는 것이 무슨 뜻일까?

선생님! 뇌를 잘 쓰는게
뭇슨 뜻이예요?
음.. 그건...
??

선생님은 일러주셨다.

“뇌는 누구나 가지고 있단다. 뇌의 구조를 아는 것 보다 자기 뇌를 잘 쓰는 것이 더 중요해. 차를 운전하는 것과 같단다. 차 구조를 잘 알고 운전할 수도 있지만 구조를 잘 아는 것보다 바르게 운전하는 것이 더 중요하단다.”

며칠 전 선생님의 컴퓨터가 고장이 났다. 바이러스 때문이라고 하셨다. 어렵게 컴퓨터를 고치셨다.

“얘들아! 너희들의 뇌에도 바이러스가 침입할 수 있단다. 가장 무서운 바이러스가 뭔 줄 아니? 그것은 자신감을 잃는 것이란다.”

아하!

컴퓨터 교육을 받으면
컴퓨터를 잘 활용하여 편리한 생활을 할 수 있듯이

뇌를 잘 활용하면
자신감을 갖고 행복한 생활을 할 수 있구나!

생각의 차이

누나와 나는 두 끼를 굶게 되었다. 배가 고파 힘이 없고 짜증이 났지. 그런데 누나는 행복해 하였다.

똑같이 두 끼를 굶었는 데도 나는 먹고 싶은 것을 못 먹었다고 생각했고, 누나는 다이어트를 위해 스스로 안 먹었다고 생각하여 물만 마시고도 행복할 수 있었다.

어떤 환경에서도 자신이 선택하는 것에 따라 상황이 달라지는 거야.

선택의 주인이 된다는 건 내가 내 삶의 주인이 된다는 뜻이야.

나는 행복하다

며칠 전 책상서랍을 정리하던 일이 생각났다.

내 방 정리를 못한다고 어머니께서 방 청소를 시키시면 책상서랍을 열어 학용품을 대충 던져넣고는 다 했다고 한다.

그날은 내가 스스로 책상 서랍을 정리하고 싶은 마음이 들었다. 꼼꼼히 먼지를 털어내고 학용품을 나란히 정리했다. 정리되는 서랍을 보면서 나는 행복했다. 콧노래도 불렀다.

거실에서 그만하고 빨리 자라는 엄마의 목소리가 들렸지만 나는 늦게까지 옷장 정리와 방 청소를 하였다.

같은 일이라도 나의 뇌가 선택하면 행복할 수 있구나.

행복해
지는법

건강한 몸과 꿈

산 고개를 힘들게 넘어서 구해온 알밤을
친구와 나눠먹은 산토끼가 생각난다.

내가 찾은 파랑, 노랑, 빨강 구슬은
산토끼의 알밤과 같은 거구나.
귀한 알밤을 친구와 나눠 먹은 산토끼처럼
내가 가진 파랑, 노랑, 빨강 구슬을
이제는 이웃과 나눌 거야.

산토끼처럼
홍익을 위하여
건강한 몸과
따뜻한 마음과
자신감과 꿈을 기르겠다.

내 속에 있는
파랑, 노랑, 빨강
세 개의 구슬을
빛내기 위해
나의 뇌를 잘 쓰겠다.

야~호~

민우야 네 안에 다 있단다

네 안에는 이미
태양처럼
환한 마음과
건강과 행복을
스스로 만들 수 있는
놀라운 힘이 있단다.
잊지마.

| 발문 |

몸과 마음의 주인이 되는 맨발교실

최순나(대구 대봉초등학교 교사)

해마다 3월이면 설렘과 두려움으로
새로운 제자들을 만납니다.
2018년 봄, 운명의 제자들을 만났습니다.

'살아왔던 방식으로는 살아가기 힘들다. 인공지능 시대,
지금 우리가 알고 있는 직업은 많이 사라질 것이다.'
낯설지만 익숙한 이야기들이 여기저기서 들려옵니다.
이제 어떤 비전을 가진 교사로 살아야 하나?
어떤 모습의 교실을 꿈꾸어야 하나?
하루하루 고민하지 않을 수 없는 현실입니다.
'나는 괜찮은 사람이야.'라고 여기며
몸과 마음이 튼튼한 사람.
내가 만난 아이들이 이렇게 된다면

변화된 사회 속에서도 잘 살 수 있지 않을까 생각되었습니다.

스스로를 '괜찮은 사람이야'라고 여기고
'몸과 마음이 튼튼'하려면 어떤 시작을 해야 하나?
고민의 끝에서 '맨발걷기 100일 프로젝트'라는 제안을 받았습니다.
'맨발로 걷고 함께 달리고 맘껏 뛰어 놀아 보자.'
그래서 맨발로 열심히 놀았습니다.
아이들의 변화는 놀라웠습니다.

아이들의 긍정적인 변화가 이 책의 시작이 되었습니다.
해야 할 공부가 너무 많은 세상입니다.
모두가 바쁘고 힘들고 쫓기면서 행복하지 않다고 말합니다.
열 살 아이들도 예외가 아닙니다.
그 아이들과 틈만 나면 맨발로 놀았습니다.
맨발로 맨 땅에서 매일 놀 수 있는 아이들은 몸도 마음도 자랐습니다.

초등학교 선생으로 살아온 지난 시간을 돌아보았습니다.
교육은 가르치는 것이 아니라 스스로 깨칠 수 있는
용기와 시간을 주는 것임을 알았습니다.
스스로 온몸으로 느낄 때 비로소 교육이 시작됨을 알았습니다.

지덕체를 갖춘 민주 시민, 홍익인간, 인성교육
엄청난 교육 이념의 시작은
작고 단순한 것의 실천이었습니다.
맨발로 열심히 뛰어 놀면 되는 것이었습니다.

지금의 아이들은 쉬는 시간의 경험으로
남은 삶을 살아 갈 것이라는 말을 들은 적이 있습니다.
희미하게 아는 것은 아는 것이 아니었습니다.
가장 영향을 미치는 지(智)의 머리와
가장 중요한 덕(德)의 가슴과
가장 먼저 해야 할 체(體)의 건강을 갖는 것은
나의 선택이며 그 선택만이 나를 행복하게 함을 분명히 알았습니다.

내 몸의 주인이 되겠습니다(體).
홍익을 실천하겠습니다(德).
행복을 꿈꾸고 선택하겠습니다(智).

우리 반 아이들의 이야기로 시작된 이 책을 천천히 읽어봅니다.
천천히 책을 덮습니다.
그리고 다시 읽기를 시작합니다.

삶으로 이 책의 읽기를 계속하겠습니다.

맨발로 교육 2

맨발교실

초판 1쇄 2018년 8월 21일
초판 2쇄 2020년 9월 30일

지은이 / 권 택 환
펴낸이 / 박 진 환

펴낸 곳 / 만인사
출판등록 / 1996년 4월 20일 제03-01-306호
주소 / 41960 대구광역시 중구 명륜로 116
전화 / (053)422-0550
팩스 / (053)426-9543
전자우편 / maninsa@hanmail.net
홈페이지 / www.maninsa.co.kr

ISBN 978-89-6349-122-6 03810

값 13,000원

* 이 도서의 국립중앙도서관 출판시도서목록(CIP)은 서지정보유통지원시스템 홈페이지(http://seoji.nl.go.kr)와 국가자료공동목록시스템(http://www.nl.go.kr/kolisnet)에서 이용하실 수 있습니다(CIP제어번호 : CIP2018027077).